140 TWITTER POEMS

140 TWITTER POEMS

by Christopher Carmona
translated by Gerald Padilla

Jade
Publishing

www.jadepublishing.org

ISBN-978-0-9985390-03

Printed in the U.S.A.

Dedication

This book is dedicated to my lifetime companion and partner, my wife Corina Carmona. She has shown me that working toward social justice can be something as challenging as working every day, a little at a time to change someone's life.

This book is a testament to that idea: a collection of 140 poems each over 140 days. This collection is a series of poems that cover the space of December 1, 2015 to April 12, 2016. Each poem represents a daily reflection, and I hope it embodies the social and political fervor of the day. Here's to the struggle for poetically positive social change, one day at a time!

Dedicación

Este libro está dedicado a mi pareja y compañera de vida, mi esposa Corina Carmona. Ella me ha enseñado que trabajar para la justicia social puede ser tan retador como el trabajo de cada día, un poco a la vez para cambiar la vida de alguien más.

Este libro es un testimonio de esa idea: una colección de 140 poemas escritos durante 140 dias. Esta colección es una serie de poemas que cubren el espacio del 1° de diciembre hasta el 12 de abril del 2016. Cada poema representa una reflección durante un día, y espero que exprese el fervor social y politico de hoy. ¡Que viva el cambio social poético positivo, un día a la vez!

140 TWITTER POEMS

#1

there's blood in my rust.
it's been there for as long as I
can remember.
like gas in tears.
it stings when I see. and cries
when I blink.

~

hay sangre en mi óxido.
ha estado ahí desde que
recuerdo.
como gas en lágrimas.
quema cuando veo. y llora
cuando parpadeo.

#2

shade me.
tell me I am anything.
tell me I still cast shadows.
tell me the flames did not
devour me.
tell me I am still ash in the
wind.

~

oscuréceme.
dime que soy cualquier cosa.
dime que aún formo sombras.
dime que las llamas no me han
devorado.
dime que aún soy ceniza en el
viento.

#3

la hielera.
mylar sheet blankets.
light never sets.
time frozen.
no place to wash the dirt off
your soul.
no place to feel human. no
place.

~

la hielera.
sábanas aluminizadas.
la luz nunca declina.
el tiempo congelado.
ningún lugar para lavar la mugre
de tu alma.
ningún lugar para sentirse
humano. ningún lugar.

#4

I long for voice to stand bare
before ears.
silence stands blindly clothed.
fear shames words into metaphor
coats.
only a match can save us.

~

anhelo que la voz se pare descalza
ante los oídos.
el silencio se para vestido ciegamente.
el temor avergüenza y convierte las
palabras en abrigos de metáforas.
solamente un cerillo nos puede salvar.

#5

dígame. estoy escuchando.
I will drink up all your ills.
& leave you unburdened like an
empty.
wine. bottle. sucked dry. always
thirsting.

~

dígame. estoy escuchando.
me tomaré todas sus penas.
& lo dejaré sin cargas como una
botella.
vacía. de vino. seca. siempre
sedienta.

#6

searching for my soul.
they use knives.
cut through skin.
blood. muscle. organs.
find nothing.
they dig deeper.
one stab at a time until…

~

buscando mi alma.
usan cuchillos.
cortan piel.
sangre. músculo. órganos.
nada encuentran.
cavan más hondo.
una puñalada a la vez hasta que…

#7

am I a fly to the lightbulb?
or am I a ghost in search of
life?
is the bright blue light
singing?
what will happen when I reach
it?

~

¿soy una mosca para el foco?
¿o soy un fantasma en busca de
vida?
¿está cantando la luminosa luz
azul?
¿qué pasará cuando la
alcance?

#8

grief like a sponge soaks up all
prayers.
quietly leaking onto the world
like a light drizzle.
until that moment when it's too
full & then...

~

la pesadumbre, como una esponja,
absorbe todos los rezos.
silenciosamente derramándose
ante el mundo
como una llovizna ligera.
hasta aquel momento cuando está
demasiado llena & entonces...

#9

I wish I could believe
in ghosts.
a comfort no living thing can
blanket.
the ends always fray.
too many threads left unsown.

~

deseo poder creer en
fantasmas.
un alivio que ninguna
cosa viva puede cobijar.
las orillas siempre se desgastan.
demasiados hilos sin coser.

#10

a one-sided coin is a
marble.
it does not choose a face.
it simply rolls. gathering
rights & wrongs.
gaining momentum into infinite
answers.

~

una moneda de un solo lado es
una canica.
no escoge una cara.
simplemente rueda. almacenando
aciertos & errores.
obteniendo impulso hacia
respuestas infinitas.

#11

poetry readings were much
less interesting before cell
phones.
when the occasional heckler was
human.
now we compete with the next FB
post.

~

las lecturas de poesía eran
mucho menos interesante antes de
los celulares.
cuando el cretino ocasional
era humano.
ahora competimos con la
siguiente publicación de FB.

#12

progress is the word that
bulldozes over other sentences.
quiet, unassuming, it is only 8
letters & yet.
needs to be here. needs to be
more.

~

el progreso es la palabra
que arrasa sobre otras oraciones.
silenciosa, modesta,
de sólo 8 letras & sin embargo.
necesita estar aquí. necesita
haber más.

#13

follow me. just follow me.
up towards the sky.
down under the ground.
I won't lead you astray.
I won't leave you behind. it's
all I can do.

~

sígueme. sólo sígueme.
arriba hacia el cielo.
debajo del suelo.
no te llevaré por mal camino.
no te dejaré atrás. es todo lo
que puedo hacer.

#14

take the stars & bury them
deep.
feel that light longtime gone.
carry those voices long ago
heard.
stir them well down in your gut.
& sing.

~

llévate las estrellas &
entiérralas hondo.
siente la luz que se fue
hace mucho tiempo.
carga esas voces que se
escucharon hace largo rato.
agítalas bien en tus entrañas.
& canta.

#15

blood must soak my words.
wait. wet red trauma to dry
brown stories.
like all pain. roots do not
heal.
simply rust & thirst. quiet
& slow.

~

la sangre deberá empapar
mis palabras.
espera. húmedo trauma rojo para
secar las historias morenas.
como todo dolor. las raíces no
sanan.
simplemente se oxidan & les da
sed. silenciosa & lentamente.

#16

this is what today looked
like when the world began.
red rose crushed in a book so
ancient it didn't even have
words or pages.
just a cover.

~

así es como se veía el hoy
cuando comenzó el mundo.
una rosa roja aplastada en un
libro tan antiguo que no tenía
palabras ni páginas.
sólo una portada.

#17

I am no poet anymore.
I have lost my taste for verse.
no ear for rhythm or rhyme.
no longer able to find imagery.
only the sea can save me.

~

ya no soy poeta.
he perdido mi gusto por el verso.
sin oído para el ritmo o rima.
incapaz de encontrar imágenes.
sólo el mar me puede salvar.

#18

tattered corners.
from grip with sweating
fingertips.
picture so faded colors stopped
bleeding long ago.
only memory keeps it from
fading.

~

esquinas desgastadas.
de un puño con dedos sudados.
una foto tan desgastada que los
colores dejaron de sangrar
hace mucho.
sólo la memoria hace que no
desvanezca.

#19

new life cinema.
everything caught on digitized
film.
like 1000 pictures of Mona Lisa.
her own essence stripped away.
1 snapshot. at a time.

~

cinema de nueva era.
todo grabado en video
digitalizado.
como 1000 fotos de la Mona Lisa.
despojada de su propia esencia.
1a foto. a la vez.

#20

never let the color of the moon
force a howl.
never let the taste of water
tickle curiosity.
you are the choices you make.
tomorrow is now.

~

nunca dejes que el color de
la luna fuerce un aullido.
nunca dejes que el sabor del agua
cosquillee la curiosidad.
eres las decisiones que tomas.
el mañana es hoy.

#21

I didn't see towers fall.
I saw a bridge collapse.
no smoke. no fire.
a connection severed. never
again.
lost when the bridge fell.

~

no vi torres caer.
vi un puente colapsar.
sin humo, sin fuego,
rompiendo una conexión.
nunca más.
perdido al caer el puente.

#22

in a flash. in a drop of
water.
once bursts. it's gone. like a
moment.
seemingly fleeting. meaning
everything.
that infinite moment. extant.

~

en un instante. en una gota
de agua.
una vez reventada. se va. como
un momento.
aparentemente fugaz.
significando todo.
ese momento infinito. existente.

#23

new clock starts today.
new bones to grow.
new teeth to cut history with.
new hungry bullets to shatter
lives.
new lies to tell ourselves.

~

un nuevo reloj comienza hoy.
nuevos huesos para crecer.
nuevos dientes para cortar la
historia.
nuevas balas hambrientas para
destrozar vidas.
nuevas mentiras para contarnos
a nosotros mismos.

#24

sometimes it's just right.
sometimes it's all wrong.
sometimes it's more than we can
handle.
sometimes it's everything.
sometimes it is not.

~

a veces está perfecto.
a veces todo está mal.
a veces es más de lo que podemos
soportar.
a veces es todo.
a veces no lo es.

#25

I'm a word junkie.
I need my beat fix.
fill my veins with rhythm.
smoke up that rhyme.
feel my pulse quicken.
as the verse boils to the top.

~

soy un adicto de palabras.
necesito un llegue de sonidos.
llenar mis venas con ritmo.
fumarme esa rima.
sentir mi pulso acelerar.
mientras el verso hierbe hasta arriba.

#26

Standoff. Stand Up.
Stand Down.
Sit In. Sit Down.
Stay Here. Do Not Budge.
it's time. to occupy.
but not for land.
for people's right to be.

~

Paralízate. Levántate.
Cede.
Quédate. Siéntate.
Espera aquí. No Te Muevas.
es tiempo. de luchar,
pero no por la tierra.
por el derecho a existir
del pueblo.

#27

for those that can't hear.
read my words.
for those that can't read.
see the images in my letters.
for those that need more. I will
listen.

~

para los que no pueden escuchar.
lean mis palabras.
para los que no pueden leer.
vean las imágenes en mis letras.
para aquellos que necesitan más.
escucharé.

#28

hope is always buried deep
in the pocket of despair.
it hides there beneath loose
change
& crumbled up receipts that mark
the sale of us.

~

la esperanza siempre está
enterrada profundamente
en el bolsillo del desaliento.
se esconde ahí debajo del cambio
& recibos arrugados que
marcan la venta de nosotros.

#29

caterpillar caterpillar.
can't you see?
into a butterfly you will be.
something beautiful with wings.
fly away to forget. the cocoon
of you.

~

oruga oruga.
¿no puedes ver?
una mariposa serás.
algo hermoso con alas.
vuela lejos para olvidar. tu ser
de capullo.

#30

the mirror sees all.
reveals every little truth.
but I can't see any of it.
I don't stare. because the
longer I stare all I see are
shapes.

~

el espejo lo ve todo.
revela cada pequeña verdad.
pero no puedo ver nada.
no lo veo fijamente. porque
entre más lo veo sólo figuras
percibo.

#31

give me a thousand
midnights.
I'll give you a thousand dreams.
none of it is real.
it is always happening tonight.
if you are willing.

~

dame mil medias
noches.
yo te daré mil sueños.
nada de esto es real.
siempre está sucediendo esta noche.
si lo quieres.

#32

sad songs can only be sung
by salt.
sugar never understands the
pain of not being sweet.
red knows the pain of being
mistaken for water.

~

las canciones tristes sólo
pueden ser cantadas por la sal.
el azúcar nunca entiende el
dolor de no ser dulce.
el rojo conoce el dolor de
ser confundido por agua.

#33

lying in my plastic bed I
can feel the end so close.
tasting like diplomacy gone
wrong.
regret sits and knits by my
side. always constant.

~

acostado en mi cama de plástico
puedo sentir el final tan cerca.
con sabor a mala
diplomacia.
el arrepentimiento se sienta y
teje a mi lado. siempre constante.

#34

you've got to make it rain.
or else your world will be a
desert.
like Gobi or Mars. desolate &
drought-filled.
You have to dance the dance.

~

tienes que hacer que llueva.
si no tu mundo será un
desierto.
como el Gobi o Marte. desolado &
en sequía.
tienes que bailar al ritmo.

#35

empire just rolls on.
like a boulder crushing
everything.
while we run after.
like Sisyphus chasing his
prison. hoping we can roll it
back.

~

el imperio sigue rodando.
como una gran roca aplastándolo
todo.
mientras corremos detrás.
como Sísifo persiguiendo su
prisión. deseando regresarla a su
lugar.

#36

there's gonna be an echo
when the gods come home.
no longer is anyone to hear
their foolish claims.
it's just empty chairs & dusty
sheets.

~

va a haber un eco cuando
los dioses vuelvan a casa.
ya nadie escuchará
sus argumentos absurdos.
sólo son sillas vacías & sábanas
empolvadas.

#37

I've never been able to
glow in the dark.
or drink water while it's on
fire.
but isn't this all too familiar
like déjà vu without the vu.

~

nunca he podido
brillar en la oscuridad.
o tomar agua cuando está en
llamas.
pero qué no es esto tan familiar
como el déjà vu sin el vu.

#38

it's not hot enough for a
jacket.
but it's too warm to feel cold.
I am trapped in between words.
trapped in between lines. I
can't get out.

~

no está tan caliente para una
chamarra.
pero está demasiado tibio
para sentir frío.
estoy atrapado entre palabras.
atrapado entre líneas. no
puedo salir.

#39

ours is the writing on the
wall.
too much falsebook. not enough
tumblr.
let it slide. let it become.
cause for cause.
be truth. be the poet.

~

nuestros son los escritos
en la pared.
demasiado falsebook. sin
suficiente tumblr.
deja que deslice. deja que
se convierta.
causa a causa.
sé la verdad. sé poeta.

#40

sometimes I am a man in a
bag.
paper, plastic or recyclable.
meant to stifle my verse.
I simulate my scream. by
scratching into the sides.

~

a veces soy un hombre en
una bolsa.
papel, plástico o reciclable.
hecha para sofocar mi verso.
simulo mi grito. arañando las
orillas.

#41

the magic of metaphor.
brings together two disparate
things.
allows an understanding of each
other.
allows us to see them as the
same. anew.

~

la magia de la metáfora.
junta dos cosas distintas.
permite el entendimiento
entre las dos.
concediéndonos verlas como una
sola cosa. renovada.

#42

An American Alphabet

a is for anger.
b is for brutality.
c is for culture not represented.
d is for disruption.
e is for empathy not felt.
f is for fire not set.

~

Un alfabeto estadounidense

a es por la agresión.
b es por la brutalidad.
c es por la cultura no representada.
d es por el desorden.
e es por la empatía no sentida.
f es por el fuego no encendido.

#43

g is for greed not grace.
h is for history buried deep.
i is for ignorance not isis.
j is just cause.
k is for KKKan't.
l is not for love.

~

g es el gusto codicioso
    no la gracia.
h es por la enterradísima
    historia.
i es por la ignorancia no isis.
j es por la causa justa.
k es por el KKKarecer.
l no es por el *amor*.

#44

m is for mentiras we
      believe.
n is for nigger.
o is for oppression.
p is for peace we've never
      known.
q is for quiet when the rinches
      come.

~

m es por las mentiras que
      creemos.
n es por negro.
o es por la opresión.
p es por la paz que nunca
      hemos conocido.
q es por estar quieto cuando
      llegan los rinches.

#45

r is for revolution never
    achieved.
s is for survival in stories we
    sing.
t is for truth in those songs.
u is for us coloring their
    history.

~

r es por la revolución nunca
    lograda.
s es por la sobrevivencia de
    las historias que cantamos.
t es por la tórrida verdad de
    esas canciones.
u es por *nosotros* coloreando su
    historia.

#46

v is for vanity in both its
    meanings.
w is waiting.
x is for xenophobia, America's
    white state.
y is for you because z might not
    be last.

~

v es por la vanidad con
    ambos significados.
w es por la *espera*.
x es por la xenofobia, el
    estado blanco de E.E.U.U.
y es por ti por que la z
posiblemente no esté al final.

#47

video was born.
on the corner of 8mm & Betamax.
it arrived. crisp black body.
white spindly nipples.
tape long enough to hold every
frame.

~

el video nació.
en la esquina de 8mm & Betamax.
llegó. fresco cuerpo negro.
delgados pezones blancos.
una cinta larga para cubrir cada
cuadro de imagen.

#48

someday. yesterday.
tomorrow.
one day. all the same day.
left adrift in the calendar of
lost dreams.
but the one day never lost is
today.

~

algún día. ayer.
mañana.
un día. todo el mismo día.
dejado a la deriva en el
calendario de sueños perdidos.
pero el día que nunca se pierde
es hoy.

#49

unfortunate spaces.
leave a shadow in our senses.
like the echo after a bell has
rung.
don't quite hear it but you know
it's there. maybe.

~

espacios desafortunados.
dejan una sombra en nuestros
sentidos.
como un eco después del timbre
de una campana.
no se escucha bien pero sabes
que ahí está. tal vez.

#50

the day I lost my tongue.
was the day I forgot everything.
mi lengua española.
mi cultura india.
buried deep in my DNA.
shifting like sand.

~

el día que perdí mi lengua.
fue el día que se me olvidó todo.
mi lengua española.
mi cultura india.
enterrada profundamente en mi ADN.
moviéndose como arena.

#51

sometimes I sit & wonder.
for what comes around corners.
will it be a beautiful stranger?
will it be a familiar smile?
will it be the wind?

~

a veces me siento & me pregunto.
lo que viene a la vuelta de la esquina.
¿será una hermosa persona
desconocida?
¿será una sonrisa familiar?
¿será el viento?

#52

you ever wonder if eyes do
more than see.
if ears do more than hear.
if touch is more than feeling.
maybe we are more than our
senses.

~

te has preguntado si los
ojos hacen más que ver.
si los oídos hacen más que
escuchar.
si el tacto es más que una
sensación.
quizá somos más que
nuestros sentidos.

#53

tristeza. alegría.
connected on a cellular level.
deep in the atom soup of
consciousness.
son lo mismo. even when they
don't ever seem so.

~

tristeza. alegría.
conectados en un nivel celular.
en la sopa profunda del átomo de
la conciencia.
son lo mismo. incluso cuando no
lo parecen.

#54

cast aside all doubt.
January is the cruelest month.
so much cancer on the soul of
the muse.
we are truly art only when we
are not forgot.

~

desecha toda duda.
enero es el mes más cruel.
demasiado cáncer en el alma de
la musa.
solamente somos arte verdadero
cuando no nos han olvidado.

#55

I wish I was beautiful like
war.
with gorgeous napalm skies.
sublime mushroom bombings.
& pretty scars that leak tears
like strawberry milk.

~

deseo ser tan hermoso como
la guerra.
con esplendorosos cielos de
napalm.
sublimes bombas de hongos.
& bellas cicatrices que gotean
lágrimas como leche de fresa.

#56

I am ugly like peace with
deafening quiet & no PTSD to
stir my soul.
I sit like a chair & never move
like an airplane dancing in
black rain.

~

soy feo como la paz con un
silencio ensordecedor & sin TEPT
que agite mi alma.
me siento como una silla & nunca
me muevo como un avión bailando
en la lluvia negra.

#57

it's alright if your birds
are on fire because god is red.
civil disobedience is best with
visual vitriol.
just ask the guerrilla tagger.

~

está bien si tus pájaros
están en llamas porque dios
es rojo.
la desobediencia civil queda
mejor con desprecio visual.
sólo pregúntale al guerrillero
del grafiti.

#58

I am breaking the rule of
cool.
writing deliberate poetry.
a farewell to allusion.
to the coldness of symbols.
no more manufactured truths.

~

estoy rompiendo la regla de
la moda.
escribiendo poesía deliberada.
una despedida a la alusión.
al frío de los símbolos.
no más verdades fabricadas.

#59

this is zero hour.
where nothing is expendable.
where everything matters.
the echoes of the next world
vibrate with **#change.**
I am ready.

~

esta es la hora cero.
donde nada es reemplazable.
donde todo importa.
los ecos del siguiente mundo
vibran con **#cambio.**
estoy listo.

#60

invisible poetics swim
through my veins.
never know they are there.
they encode in my DNA.
the symptoms infect my thoughts
causing truths.

~

la poética invisible nada
por mis venas.
sin saber que está ahí.
se codifica en mi ADN.
los síntomas infectan mis
pensamientos causando verdades.

#61

in america compassion is
blind.
it casts aside its burnt eyes
from those already invisible.
while refugees exiled here try
to lend a hand.

~

en estados unidos la compasión
es ciega.
retira su vista quemada de
aquellos que ya son invisibles.
mientras que aquí los refugiados
exiliados intentan dar
una mano amiga.

#62

the last dispatch.
listen from the silence of
static.
you might hear the soft rhythm
of life.
dancing in cool desolation.
waiting to hear...

~

el último comunicado.
escucha desde el silencio de la
estática.
puede que escuches el suave
ritmo de la vida.
bailando en fresca soledad.
esperando escuchar...

#63

post script.
after thought.
no more lost signals from the
poetic front.
no more lost dates. with the
muse.
no more silent posts until...

~

posdata.
reflexión.
no más señales perdidas del
frente poético.
no más citas perdidas. con la
musa.
no más posts silenciosos
hasta que...

#64

I am unblessed unannointed
unsprinkled undevout &
unsanctified.
I am far from righteous.
I am not a hallowed out tree &
therefore I am free.

~

no estoy bendecido ungido
rociado con devoción ni
santificado.
estoy lejos de la virtud.
no soy un árbol hueco & por lo
tanto soy libre.

#65

quick. jump through the
wall.
the other side is waiting for
you.
don't think. don't doubt.
just jump. the wall will move.
it always does.

~

rápido. brinca a través del
muro.
el otro lado te espera.
no pienses. no dudes.
sólo brinca. el muro se moverá.
siempre lo hace.

#66

bigotry is a lizard on a
rock.
kick him off. pick him up. throw
him far.
he always comes back.
until you realize.
you have to move the rock.

~

la intolerancia es un lagarto
en una piedra.
dale una patada. levántalo.
tíralo lejos.
siempre regresa.
hasta darte cuenta. que tienes
que mover la piedra.

#67

what about the forgotten
dead?
buried deep in the rag &
boneyard of this conquered land.
do they get an award for best
neglected? for least?

~

¿qué sobre los muertos
olvidados?
enterrados profundamente en el
trapo & cementerio de esta tierra
conquistada.
¿reciben un premio al más
desamparado? ¿y para el menos?

#68

the virtue of delinquency
is that it shakes society's
walls.
the virtue of anger keeps our
souls ablaze.
the virtue of lies nuances
truth.

~

la virtud de la delincuencia
es que sacude las paredes de la
sociedad.
la virtud del coraje mantiene
nuestras almas ardiendo.
la virtud de las mentiras matiza
la verdad.

#69

how many of us are bad
mexicans
when the brown tide rises?
how much indio pulp has to be
squeezed
out of us until we are american
enough?

~

¿cuantos de nosotros somos
malos mexicanos
cuando la marea morena se
eleva?
¿cuánta pulpa de indio se nos
tiene que exprimir
hasta ser suficientemente
estadounidenses?

#70

manufacture a rebellion.
I will teach you about consent.
ask a cop about walls.
I will teach you about the mind
jail.
the door is unlocked.

~

fabrica una rebelión.
te enseñaré sobre el
consentimiento.
pregúntale a un policía sobre
los muros.
te enseñaré sobre la cárcel de
la mente.
la puerta está abierta.

#71

disrupt. compel. increase
consciousness.
shame me for my diction.
I will pluck discomfort from
making meaning
& know I am fluid like dreams.

~

interrumpe. obliga. aumenta
la conciencia.
avergüénzame por mi dicción.
arrancaré la incomodidad para
que no tenga sentido
& saber que soy fluido como los
sueños.

#72

simple. necessary truths.
personal & political. sing with
sangre.
the beauty of chicanidad.
it is in everything we do.
it is why we move.

~

simples. verdades necesarias.
políticas & personales. cantan
con sangre.
la hermosura de la chicanidad.
está en todo lo que hacemos.
es la razón por la que nos movemos.

#73

we are strange beasts in a
familiar land.
a familiar story. a familiar
context.
minor characters in our own
stories.
poisoned by progress.

~

somos bestias extrañas en una
tierra conocida.
una historia conocida. un
contexto conocido.
personajes secundarios en
nuestras propias historias.
envenenados por el progreso.

#74

remember the fire.
how it burned. how its smoke
stained for years.
that flame is dead & gone.
but the embers are waiting for
the next spark.

~

recuerda el fuego.
cómo quemaba. cómo manchó el
humo por años.
la llama está muerta & olvidada.
pero las brasas esperan la
siguiente chispa.

#75

too many hands. too many
choices.
too many lives to choose from.
too much jail time. too much
freedom.
too much playing with broken
clocks.

~

demasiadas manos.
demasiadas opciones.
demasiadas vidas para escoger.
demasiado tiempo en la cárcel.
demasiada libertad.
demasiados juegos con relojes
rotos.

#76

update a fairytale.
tell me the American Dream is
real.
walls, hate, & amnesia can save
us.
a glass slipper & a kiss is all
we need to wake.

~

actualiza un cuento de hadas.
dime que el Sueño Americano es
real.
paredes, odio, & amnesia nos
pueden salvar.
una zapatilla de cristal & un beso
es todo lo que necesitamos para
despertar.

#77

follow me. down.
to the end of breath.
feel the scorch of life escape.
the next dream waits around the
next gust.
I am a leaf in the wind.

~

sígueme. hacia abajo.
hasta el fin del aliento.
siente el fuego de la vida
escapar.
el próximo sueño espera a la
vuelta del siguiente soplo.
soy una hoja en el viento.

#78

words like life in the
movies.
exist only for a brief celluloid
frame forever.
even when you are missing them.
words find a way to be heard.

~

las palabras como la vida
en las películas.
sólo existen para siempre en un
breve cuadro celuloide.
incluso cuando te hacen falta.
las palabras encuentran la
manera de ser escuchadas.

#79

the lights are on all the
time.
baking my mind.
freezing my thoughts.
making neighbors seem like
enemies.
sometimes shadows are needed.

~

las luces están encendidas
todo el tiempo.
horneando mi mente.
congelando mis pensamientos.
haciendo que mis vecinos
parezcan enemigos.
a veces las sombras son
necesarias.

#80

annotate me
see me off to the next bonfire.
to see the forgot.
quietly disembodied.
no direction home.
to catch them before they're
gone.

~

anótame
veme marchar a la siguiente
fogata.
para ver el olvido.
silenciosamente descarnado.
sin dirección a casa.
para alcanzarlos antes de que se
hayan ido.

#81

this is the day that never
lets go.
like a duende you thought you
saw.
trick of light. play of mind.
holds you tight. like the tender
night.

~

este es el día que nunca
deja ir.
como un duende que creíste ver.
un truco de la luz. un juego de la
mente.
que te abraza fuerte. como
la noche tierna.

#82

sometimes it's about blood
in the water.
sometimes it's about sparkles &
blond wigs.
sometimes it's about leaving the
closet door open a crack.

~

a veces se trata de sangre
en el agua.
a veces se trata de brillo &
pelucas rubias.
a veces se trata de dejar la
puerta del closet un poco
abierta.

#83

before I begin.
let me write the ending.
let me tell you how it ends.
with a final keystroke.
with one last thought.
circling this period.

~

antes de que empiece.
déjame escribir el final.
deja te digo cómo termina.
con un último pulso de tecla.
con un último pensamiento.
circulando este punto final.

#84

undress my language.
see my bare naked meaning.
my tex-mex tattooed syntax.
my gordoness.
my loud chisme-laden stanzas.
mi poesía fronteriza.

~

desnuda mi lenguaje.
mira mi significado
completamente descubierto.
mi sintaxis tex-mex tatuada.
mi gordura.
mis estrofas ruidosas cargadas
de chismes.
mi poesía fronteriza.

#85

the cause of impossible
rivers.
the silence of its assault
louder than the last
catastrophic scream of a bomb.
feel the hunger of its tide.

~

la causa de ríos
imposibles.
el silencio de su agresión más
fuerte que el último grito
catastrófico de una bomba.
siente el hambre de su marea.

#86

I speak of wet walls.
of cops writing recuerdos with
bullets.
of the conquest of indias in the
21st century.
I speak of nightmares realized.

~

hablo de paredes mojadas.
de policías escribiendo
recuerdos con balas.
de la conquista de indias en
el siglo 21.
hablo de pesadillas realizadas.

#87

the cult of authenticity.
cut from the same cloth.
different designs.
strangles you tight.
tells you to be true.
doesn't allow for play.

~

el culto de la autenticidad.
cortado de la misma tela.
diferentes diseños.
te ahorca fuertemente.
te dice que seas genuino.
no permite juegos.

#88

el diablo. does not have me.
I created him out of fear.
out of shame. out of that
desperate need.
for my wrongs. to be someone
else's fault.

~

el diablo. no me tiene.
yo lo creé del miedo. de la
vergüenza. de esa
desesperada necesidad.
de que mis errores. sean la
culpa de alguien más.

#89

no tengo susto.
no tengo ojo.
but I am still filled with
tristeza y alegría.
at the same time.
not even un huevo under my bed
can cure me.

~

no tengo susto.
no tengo ojo.
pero sigo lleno de tristeza y
alegría.
al mismo tiempo.
ni siquiera con un huevo
debajo de mi cama
puedo curarme.

#90

yo soy Chicanx.
yo soy Chicano.
yo soy Mexican American.
yo soy pochx.
yo soy pocho.
yo soy Latinx.
yo soy Latino.
yo soy nican tlaca.

~

I am Chicanx.
I am Chicano.
I am Mexican American.
I am pochx.
I am pocho.
I am Latinx.
I am Latino.
I am nican tlaca.

#91

yo soy fronterizo.
yo soy avant garde.
yo soy carnalit(x) artist.
I am all of these.
all the time.
I am writer & a critic.
I am a paradox.

~

I am fronterizo.
I am vanguardista.
I am artista carnalit(x).
yo soy todo esto.
todo el tiempo.
soy escritor & crítico.
soy paradoja.

#92

open. close. swish. shut.
it's coming. soon.
the lock will reveal itself. to
be a key.
whack. punch. bloody knuckles.
why must poetry bleed?

~

abre. cierra. rápido. sella.
llegará. pronto.
el candado se revelará. como
llave.
zas. puñetazo. nudillos
ensangrentados. ¿por qué debe
sangrar la poesía?

#93

interpret me.
do not translate me.
I don't want an imitation of me
in different grammatical skin.
I wish to be writen anew in
another voice.

~

interprétame.
no me traduzcas.
no quiero una imitación de mí en
una piel gramaticalmente distinta.
deseo ser escrito de nuevo en
otra voz.

#94

when I begin to feel white
& confused.
I picture a room of Mexicans
dancing to Selena.
I am a dysfunctional Chicanx.
more than La Llorona.

~

cuando empiezo a sentirme
blanco & confundido.
me imagino un cuarto de
mexicanos bailando música de
Selena.
soy un Chicanx disfuncional.
más que la Llorona.

#95

never let tortillas smoke.
turn them over after they puff.
don't squash them down.
let them cook inside.
it is best to just let them
simmer.

~

nunca dejes que se ahúmen
las tortillas.
dales la vuelta cuando se esponjen.
no las aplastes.
deja que se cuezan por dentro.
es mejor dejarlas a
fuego lento.

#96

driven the paper road my
whole life.
never known any other.
never been able to write between
the lanes.
I tend to veer off into the
margins.

~

he manejado la carretera de
papel toda la vida.
nunca he conocido otra.
nunca he podido escribir entre
carriles.
tiendo a virar hacia los
márgenes.

#97

catch a fire. with your
hands.
how long before the burn gets to
the bone?
can you hold it longer than the
flame can flicker?
before it eats you up.

~

atrapa el fuego. con tus
manos.
¿cuánto tarda para que queme
hasta el hueso?
¿puedes sostenerlo más tiempo
de lo que titila la llama?
antes de que te coma.

#98

the revolution will be
tweeted.
it will roll up with a #.
it will be armed with shares &
reposts.
it will shout "Huelga!" from the
comments.

~

la revolución se tuiteará.
llegará rodando con un #.
estará armada de compartir &
repostear.
gritará "¡Huelga!" desde los
comentarios.

#99

this is a failed haiku.
paper crumbles itself when the
wind doesn't blow.
heat does more than melt ice
cream. it also teaches us to
blush.

~

este es un haikú fallido.
el papel se arruga a sí mismo
cuando el viento no sopla.
el calor hace más que derretir la
nieve. también nos enseña a
sonrojarnos.

#100

failed haiku #1
snapshot. front of display.
Texas theater. taken for exhibit.
scribbling
down the forgotten. now
am part of history. once.

~

haikú fallido #1
foto. frente a la exposición.
teatro tejano. tomada para
exhibir. escribiendo lo
olvidado.
ahora soy parte de la historia.
una vez.

#101

failed haiku #2
tiny rhetorical questions. on the
edge of a mesquite tree.
don't have answers. just silent
sticky knowledge.
must be the sap.

~

haikú fallido #2
pequeñas preguntas retóricas.
a la orilla de un mezquite.
no tengo respuestas. sólo un
conocimiento pegajosamente
silencioso.
debe ser la savia.

#102

failed haiku #3
before the mold is cast. before
we are chipped away.
before we solder together
forever.
we will know which bodies matter.

~

haikú fallido #3
antes de que se forme el molde.
antes de que seamos cincelados.
antes de ser soldados juntos por
siempre.
sabremos qué cuerpos importan.

#103

failed haiku #4
pow. always leaves a mark. on the
floor. behind closed doors.
you can hear it. when it's quiet
out.
it sounds like apathy.

~

haikú fallido #4
pow. siempre deja una marca. en
el suelo. detrás de puertas
cerradas.
puedes escucharlo. cuando está
callado.
suena como apatía.

#104

failed haiku #5
chip away the layers. see past
mustard yellow.
rusted red. exposed bare skin of
concrete.
what is not underneath. is this.

~

haikú fallido #5
remueve las capas. ve más allá
del amarillo mostaza.
el rojo oxidado. expuesta piel
desnuda de concreto.
lo que no está debajo. es esto.

#105

failed haiku #6
the brown tide rises. the white
sanded shore recedes.
like all things dry. there is a
thirst. for all things wet.
a quench.

~

haikú fallido #6
la marea morena se eleva.
la costa de arena blanca
retrocede.
como todas las cosas secas. hay
una sed. para todas las cosas
mojadas. una saciedad.

#106

failed haiku #7
clink. the flag pole keeps rhythm.
clink. the wind catches it. clink.
it falls back down.
clink. always half-staff. clink.

~

haikú fallido #7
tin. el asta de la bandera
mantiene el ritmo.
tin. el viento la atrapa. tin.
cae de nuevo.
tin. siempre a media asta. tin.

#107

failed haiku #8
when there is drought. we welcome
the storm.
when there is famine. we welcome
McDonalds.
when there is injustice. we
welcome the noose.

~

haikú fallido #8
cuando hay sequía. le damos la
bienvenida a la tormenta.
cuando hay hambruna. le damos la
bienvenida a McDonalds.
cuando hay injusticia. le damos
la bienvenida a la soga.

#108

failed haiku #9
miracles are not made from
prayers.
they are made from getting up.
everyday. to face the storm.
losing. & doing it again the next
day.

~

haikú fallido #9
los milagros no están hechos de
rezos.
están hechos de levantarse. cada
día. para enfrentar la tormenta.
perdiendo. & haciéndolo de nuevo
el siguiente día.

#109

failed haiku #10
words like a canvas sack.
only work to carry ideas. not to
be them.
ideas like cargo are meant to be
carried inside words. for
transport.

~

haikú fallido #10
las palabras como un bolso de
lienzo.
sólo sirven para acarrear ideas.
no para ser ellas.
las ideas como carga deben ser
acarreadas dentro de palabras.
para transporte.

#110

today a poet was
assassinated.
bullet ripped through him like
only hate can. he wrote in
actions.
fighting for justice. his name
was Romero.

~

hoy un poeta fue asesinado.
una bala lo atravesó como sólo
el odio lo hace. escribió en
acciones.
peleando por justicia. su nombre
era Romero.

#111

I knew a girl who was so
fractured.
she segregated herself.
her hair was long curly & black,
along with her lips & ass.
her mouth was white.

~

conocí a chica tan
fracturada.
se segregaba así misma.
su cabello era largo rizado &
negro. junto con sus labios &
nalgas.
su boca era blanca.

#112

school had soaped the
barrio out.
her skin was brown.
that she could not hide.
not with concealer. not with
anything.
her true face forgot.

~

la escuela le había
quitado el barrio.
su piel era morena.
eso no podía ocultarlo.
no con maquillaje. con nada.
su verdadero rostro lo olvidó.

#113

fate of ideas lay in plots.
unscripted. unsaid. unthought.
left to their own devices. plots
are cheese.
we the mice. never laid best
plans.

~

el destino de las ideas está en
la trama.
sin guion. sin decir. sin pensar.
abandonadas a su suerte. las
tramas son de queso.
nosotros los ratones. jamás
hicimos buenos planes.

#114

online/offline.
online/offline.
swipe left to open. swipe up to
forget.
our natural tongues know no emoji
taste.
our eyes need no updating.

~

conectado/desconectado.
conectado/desconectado.
desliza a la izquierda para abrir.
desliza hacia arriba para
olvidar.
nuestras lenguas naturales no
conocen el sabor a emojis.
nuestros ojos no necesitan ser
actualizados.

#115

finding beauty in bruises.
music in silence.
orgasms in fear.
or the relief of waiting for
righteous fists to fly.
should never be poetry.

~

encontrar belleza en moretones.
música en el silencio.
orgasmos en el miedo.
o alivio al esperar que vuelen
puños justicieros.
nunca deberá ser poesía.

#116

transgender homecoming king
dead by suicide.
now just a disembodied poem.
floating through cyber landscape.
a contemplation in the machine.

~

el rey transexual del baile escolar
muerto por suicidio.
ahora sólo un poema incorpóreo.
flotando por un paisaje cibernético.
una contemplación en la máquina.

#117

last night I missed the
exit to neverland.
it was ancient rain that falls on
nights like these.
when 43 shadows vanish. no one
goes home.

~

anoche se me pasó la bajada
a la tierra de nunca jamás.
era lluvia antigua que cae
en noches como esta.
cuando 43 sombras desaparecen.
nadie se va a casa.

#118

all the tired metaphors in
my mouth.
how am I supposed to get any
writing done?
too many laps around the page.
left them brittle and broken.

~

todas las metáforas cansadas
en mi boca.
¿cómo se supone que debo
escribir?
demasiadas vueltas alrededor de
la página. las dejó frágiles y rotas.

#119

so much for the ocean of
inspiration.
words stay in stables. behind
teeth & tongue.
frail. like old taffy that
crumbles with a single bite.

~

vaya océano de inspiración.
las palabras se quedan en
establos. detrás de
dientes & lengua.
frágiles. como caramelo viejo que
se desborona con una sola
mordida.

#120

vigilante goat licks squad
car because he can.
while no más bebés tells of
mujeres who were sterilized
without knowing it.
this is all true.

~

el chivo justiciero lame el
coche patrulla porque puede.
mientras *no más bebés* cuentan de
mujeres que fueron esterilizadas
sin saberlo.
todo esto es verdad.

#121

this reality is as
transparent as aluminum.
tricked & indebted to land.
abused & abandoned at sea.
invaders brand their signatures
on skin.

~

esta realidad es tan
transparente como el aluminio.
engañada & en deuda con la tierra.
abusada & abandonada en el mar.
los invasores forjan sus firmas
en la piel.

#122

standing here on the cusp
of yesterday.
today needs no introduction.
tomorrow is never far away.
finding a space in this moment.
somewhere.

~

parado aquí en la cúspide
del ayer.
el hoy no necesita introducción.
el mañana nunca está lejos.
encontrando un espacio en este
momento. en algún lugar.

#123

somewhere lost.
somewhere never meant to be.
like someone wrote my life.
plot devices & all.
why can't I find a space of my
own?

~

perdido en algún lugar.
un lugar nunca destinado a ser.
como si alguien hubiera escrito mi
vida. mecanismos de trama & todo.
¿por qué no puedo encontrar un
espacio para mí?

#124

going the way of the
buffalo.
slowly decimated.
slowly turned into symbol.
for genocide.
way of the world.
who are we to say different?

~

tomando el camino del
búfalo.
lentamente aniquilado.
lentamente convertido en
símbolo.
de genocidio.
la costumbre del mundo.
¿quién somos para decir
lo contrario?

#125

going the way of
mimeographs & rotary phones.
technology has a short memory.
no use for old things.
forgot in junkyard.
only dust remembers.

~

tomando el camino de los
mimeógrafos & teléfonos
rotatorios.
la tecnología tiene memoria corta.
ningún uso para las cosas viejas.
olvidadas en el basurero.
sólo el polvo las recuerda.

#126

I want to write human
words.
words that people feel, taste, &
touch.
words that blanket lonely bodies
on cold streets.
words that burn loss.

~

quiero escribir palabras
humanas.
palabras que la gente sienta,
saboree, & toque.
palabras que cobijen los cuerpos
solitarios en las calles frías.
palabras que quemen la pérdida.

#127

words that inspire sparks
to flame.
words that inspire clouds to
rain.
words that sharpen against the
whetstone of truth.
words that cut me.

~

palabras que inspiran chispas
a la llama.
palabras que inspiran nubes a la
lluvia.
palabras que se afilan contra la
piedra de la verdad.
palabras que me cortan.

#128

el rio grande used to live
up to its name.
but now.
puddles of mud.
littered with shattered dreams.
empty beer cans & withered
grapefruits.

~

el río grande solía estar a
la altura de su nombre.
pero ahora.
charcos de lodo.
plagados con sueños rotos.
botes de cerveza vacíos &
toronjas marchitas.

#129

plastic bags fly like birds
with no place to go.
the ground soaks up motor oil
like tears.
but in this yonqueland es una
flor en potencia.

~

las bolsas de plástico
vuelan como pájaros sin destino.
la tierra se empapa con aceite
de motor como lágrimas.
pero aquí en yonquelandia es una
flor en potencia.

#130

you are a star full of
skies.
of possibilities.
of paradoxes.
a heart with a thousand bodies.
a million beats.
an infinity of skipped beats.

~

eres una estrella llena de
cielos.
de posibilidades.
de paradojas.
un corazón con mil cuerpos.
un millón de latidos.
una infinidad de latidos ausentes.

#131

you are that stubborn brown
weed.
that never stops growing.
never stops challenging the
greenness of beauty.
never lets the ground forget.

~

eres esa necia yerba café.
que nunca deja de crecer.
que nunca deja de retar la
belleza del verde.
nunca deja que la tierra olvide.

#132

I found powerful words
pounded out on a 20-year-old
typewriter.
words forever stained into
existence.
no whiteout can ever blot them
out.

~

encontré palabras poderosas
martilladas en una máquina de
escribir de 20 años.
palabras manchadas para siempre
en la existencia.
ningún corrector podrá jamás
borrarlas.

#133

the last typewriter rolled
out the factory today.
with it an era.
no more click-clack rhythm.
no more virgin ribbon pressed by
keystrokes.

~

la última máquina de
escribir salió de la fábrica hoy.
con ella una era.
no más ritmo clic-clac.
no más cinta virgen presionada
por teclas.

#134

I wanna die with a pen in
my hand.
balancing a notebook on my knee.
when I am old & grey.
I wanna die in the middle of a
poem. so that...

~

quiero morir con una pluma
en la mano.
balanceando un cuaderno en la
rodilla.
cuando sea viejo & gris.
quiero morir a la mitad de un
poema. para que...

#135

I want my poem to never be
finished.
I want it to be left in the air.
hanging for anyone to snatch &
write their own.
I want it to be new.

~

quiero que nunca se acabe
mi poema.
quiero que se quede en el aire.
colgando para que cualquiera lo
agarre & escriba el suyo.
quiero que sea nuevo.

#136

on the streets they beg for
change.
in the alleys they steal it.
change is not counted in nickels
& dimes.
it is counted in hungry
swallows.

~

mendigan por el cambio en las
calles.
en los callejones se lo roban.
el cambio no se cuenta en
monedas de cinco & diez centavos.
se cuenta en golondrinas
hambrientas.

#137

a clock without hands.
an hour without sand.
a sun without a day.
rain with nothing to wet.
leaves midnight with nowhere to
count the stars.

~

un reloj sin manecillas.
una hora sin arena.
un sol sin día.
la lluvia sin nada que mojar.
deja a la medianoche sin un
lugar donde contar estrellas.

#138

when you catch God.
peeking through the hole. in the
bottom of your soul.
do you ask him for a dollar? do
you ask him if he really exists?

~

cuando encuentras a Dios.
asomándose por el hoyo. debajo
de tu alma. ¿le pides
un dólar? ¿le preguntas
si realmente existe?

#139

do you let the rhythm of
that feeling buried deep
inside out?
is it like blood or electricity?
pulsing through you & spilling
onto the page.

~

¿dejas que salga ese ritmo
que sientes profundamente
enterrado?
¿es como sangre o electricidad?
vibrando a través de ti &
chorreándose en la página.

#140

to mail out loss.
fold it up.
place in envelope.
lick gluey lip of pain.
place stamp.
drop in the mail.
hope it does not return to
sender.

~

para enviar por correo la pérdida.
dóblala.
métela en un sobre.
lame el pegajoso labio de dolor.
pon el sello.
déjalo en el correo
& espera que no se devuelva al
remitente.

CPSIA information can be obtained
at www.ICGtesting.com
Printed in the USA
LVHW041603070723
751694LV00003B/289